Bärbl Kreibich

Rosen für Dich

in Kreuzstich

CHRISTOPHORUS

BRUNNEN-REIHE

EDITION ZWEIGART

SEIT MEHR ALS 30 JAHREN STEHT
DER NAME „CHRISTOPHORUS" FÜR
KREATIVES UND KÜNSTLERISCHES
GESTALTEN IN FREIZEIT UND BERUF.
GENAUSO WIE DIESER BAND
DER BRUNNEN-REIHE IST JEDES
CHRISTOPHORUS-BUCH MIT
VIEL SORGFALT ERARBEITET: DAMIT
SIE SPASS UND ERFOLG BEIM
GESTALTEN HABEN – UND FREUDE
AN SCHÖNEN ERGEBNISSEN.

© 1996 Christophorus-Verlag GmbH
Freiburg im Breisgau

Alle Rechte vorbehalten -
Printed in Germany

ISBN 3-419-55818-X

Jede gewerbliche Nutzung der Arbeiten und
Entwürfe ist nur mit Genehmigung der
Urheberin und des Verlages gestattet. Bei
Anwendung im Unterricht und in Kursen ist auf
dieses Heft der Brunnen-Reihe hinzuweisen.

Syling und Fotos: Peter Nielsen, Umkirch
Zeichnungen: Bärbl Kreibich
Zählvorlagen: Irene Fackler
Umschlaggestaltung: Network!, München
Satz und Litho: Print Produktion, Umkirch
Druck: Freiburger Graphische Betriebe, 1996

CHRISTOPHORUS
BÜCHER MIT IDEEN

Inhalt

Rosen

Rosen, oft als die edelsten aller Blumen bezeichnet, faszinieren durch ihre Zartheit und Farbenpracht.
In diesem Band werden Ihnen Rosenmotive für viele verschiedene Anwendungsbereiche vorgestellt. Ob kleine Kissen, Duftsäckchen oder dekorative Tisch- und Schleifenbänder - für jede Gelegenheit eine passende Geschenkidee.

Zur Vorbereitung des Gewebes

Die Saumlinien oder je nach Modell die Mittellinien heften und danach die Stickerei einteilen. Die Modellskizzen zeigen die Fertiggrößen, also für einen doppelten Saum rundherum noch zweimal Saumbreite oder Nahtzugaben hinzurechnen.

Stickanleitung

Zuerst die Kreuzstichmotive, danach mit Rückstich die Detaillinien und Konturen sticken.
Ein Kästchen in der Zählvorlage ist immer ein Kreuzstich über zwei Gewebefäden oder ein AIDA-Quadrat.
Die Farbnummern bei den Zählvorlagen geben die Farben von Anchor-Sticktwist von Coats Mez an.
Für gezählte Stickerei verwenden Sie immer eine Sticknadel ohne Spitze.

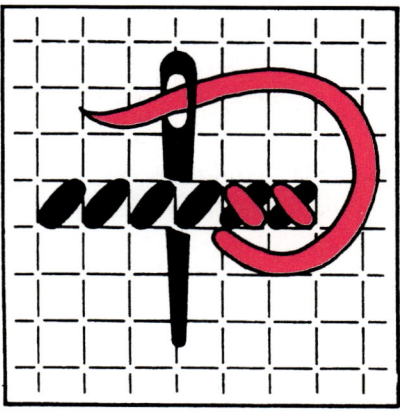

Kreuzstich

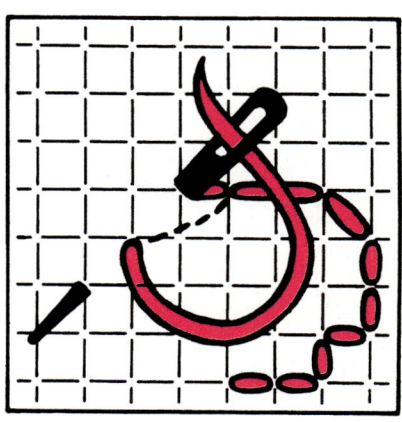

Rückstich

Zweigart-Handarbeitszählstoffe

DAVOSA 3770	ca. 71 Fäden = 10 cm 100% Baumwolle
BELLANA 3256	ca. 80 Fäden = 10 cm 52% Baumwolle, 48% Viskose
LUGANA 3835	ca. 100 Fäden = 10 cm 52% Baumwolle, 48% Viskose
LINDA 1235	ca. 107 Fäden = 10 cm 100% Baumwolle
AIDA-BAND 7002	60 Stiche = 10 cm, Bandbreite ca. 3 cm = 10 Stiche, 100% Baumwolle

Für Kreuzstichstickerei brauchen Sie Handarbeitsstoffe mit quadratischer Gewebestruktur. Das heißt Längs- und Querfadensystem haben die gleiche Fadenzahl. Für die Modelle wurden Gewebe mit unterschiedlicher Fadendichte und Materialzusammensetzung verwendet. Wenn Sie ein anderes als das vorgeschlagene Gewebe auswählen, können Sie dadurch die Motivgröße verändern.

Modellbeschreibungen

**Grußkarten
Seite 8**

**Rosenbäumchen
Seite 10**

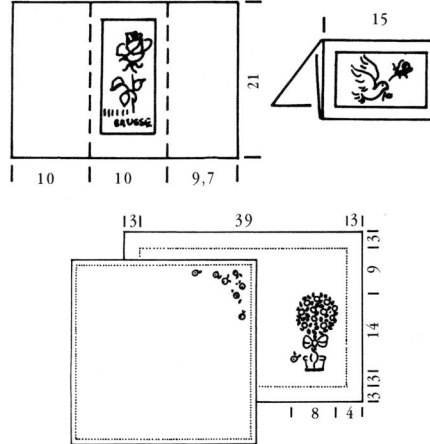

Wenn Sie auf LUGANA oder LINDA sticken, eignen sich die meisten Motive oder Teile daraus für Grußkarten. Je nach Motivgröße farbigen Karton in drei Teile teilen, das rechte etwas kürzer. In das Mittlere ein Fenster schneiden, und die Stickerei mit Doppelklebeband darunterkleben.

Das Bäumchen auf dem Set rechts oder links plazieren, je nachdem wie Sie gewöhnt sind den Tisch zu decken. Die Serviette mit den Streuröschen in einer Ecke besticken. Zuletzt den doppelten Saum mit Hohlsaumstich arbeiten.

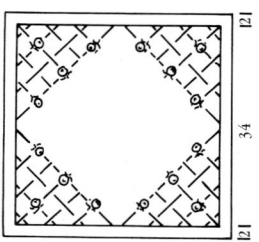

Zwischen den Gitterecken sind bei dem kleinen Deckchen drei Kreuzstiche gestickt. Für eine Mitteldecke können Sie diese Linie beliebig verlängern. Sie erhalten dann ein achteckiges Mittelfeld. Den Saum entlang der Kreuzstichlinie arbeiten.

Rosenspalier
Seite 12

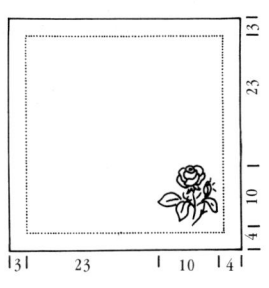

Die Rose in eine oder alle vier Ecken sticken. Für die Konturrose nur alle Rückstichlinien der Zählvorlage in einer sehr dunklen Farbe arbeiten. Die Deckchen mit doppeltem Saum und Hohlsaumstich fertigstellen.

Teerose
Seite 14

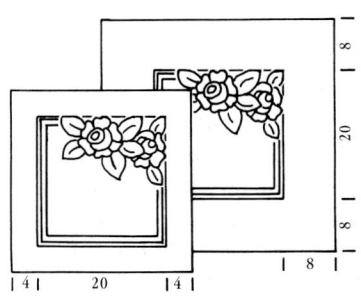

Das Rosenquadrat in die Mitte des Vorderteils sticken. Eine gleich große Rückwand rechts auf rechts dagegen nähen und an drei Seiten steppen. Das Kissen wenden, füttern und die vierte Seite von Hand schließen.

Rosenkissen
Seite 16

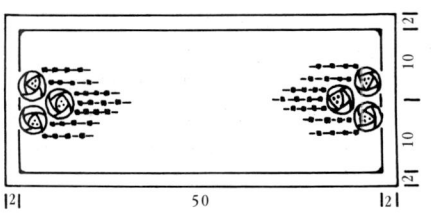

An den beiden schmalen Seiten des Läufers das Motiv von der Mitte aus einteilen. An den Längsseiten die Kreuzstich- und Rückstichlinie verlängern. Den Saum an der Kreuzstichlinie entlang anheften.

Jugendstilläufer
Seite 18

5

Schwarzweiß **Seite 20**	Das Rosenmotiv in die Setecke sticken und die Blöckchenreihe rundherum an der Saumlinie weiterführen. Bei der Serviette Blöckchenreihe und Kreuzstichlinie entlang der Saumlinie sticken. Die Säume an den Stickrändern anheften.
Zartrosa auf **Chiantirot** **Seite 22**	Das kleine Deckchen ziert eine Rosenecke. Die Reihe aus einzelnen Kreuzstichen entlang der Saumlinie rundherumführen. Bei einer größeren Decke die Rosen in alle vier Ecken sticken und mit der Kreuzstichlinie verbinden.
Rosensäckchen **Seite 24**	Die Motive laut Skizze plazieren und die Börtchen entsprechend verlängern. Nach dem Sticken an den schmalen Kanten die Spitze annähen. Dann den Stoff rechts auf rechts zur Hälfte falten und die Seitennähte steppen. Mit einem Satinband die Säckchen zubinden.
Nadelkissen **Seite 26**	Das kleine Mustertuch nach dem Sticken wie beim Kissen beschrieben nähen. Die Tischkarten sind Teile aus diesem Motivtuch. Sie zeigen, wie Sie ganz einfach Teile daraus mit Texten kombinieren können.

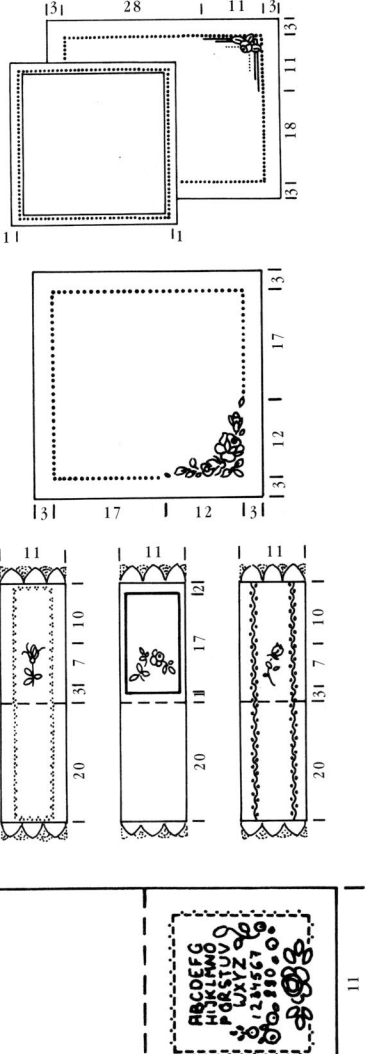

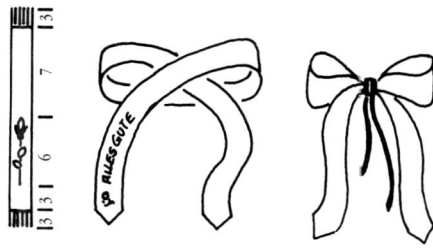

Alle Motive und Bordüren, die höchstens 10 Stiche breit sind, eignen sich für Buchzeichen und Geschenkbänder. Die Texte aus der Zählvorlage von Seite 26 zusammenstellen. An den Bandenden eine Reihe Kreuzstich sticken und ausfransen oder Ecken nähen. Die Schleife gemäß der Zeichnung falten, und die Mitte mit Satinband zusammenfassen.

Bänder
Seite 28

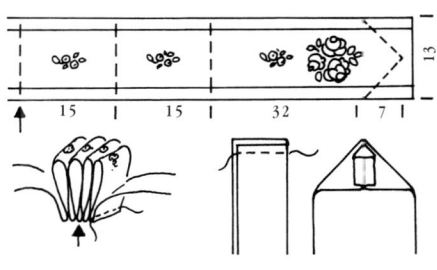

Die Längskanten einfassen. Von der Bandmitte beidseitig zweimal 15 cm die Schleifenfalze markieren. Dazwischen die kleinen Motive in die Mitte, auf die Bandenden das große Rosenmotiv sticken. Danach Tütenecken nähen. Das Band längs zur Hälfte falten, rechte Seite innen, steppen. Die Naht ausstreichen, Ecke nicht abknipsen und wenden. Die Schleife an den Falzmarkierungen zusammennähen.

Tischschleife
Seite 30

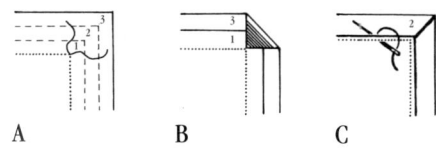

An der inneren Saumlinie rundherum einen Gewebefaden von Ecke zu Ecke herausziehen. Dreimal die Saumbreite markieren (A). Den Einschlag falten, die schraffierte Ecke abschneiden (B). Den Saum nochmals umschlagen (C), die schräge Ecke mit kleinen Stichen schließen.

Doppelter Saum
mit Briefecke

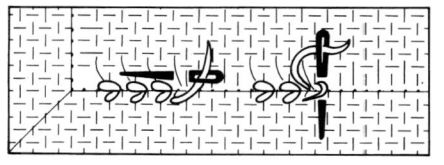

Abwechselnd je 2 Fäden der ausgezogenen Linie fassen, dann 2 Gewebefäden senkrecht in den Saum stechen.

Hohlsaum

Grußkarten

LUGANA 3835 weiß und rosa

Stoffzuschnitt
ca. 15 x 25 cm

Fertigmaß
Karte Rose:
ca. 10 x 21 cm
Karte Taube:
ca. 10 x 15 cm

Sticktwist
Kreuzstich 2-fädig
Rückstich 1-fädig
Text 2-fädig

Taube
■   1
X   208
U   29
●   59
V   33
Γ   236 Kontur

Rose
V   36
●   876
U   213
X   48
■   896
38 + Kontur

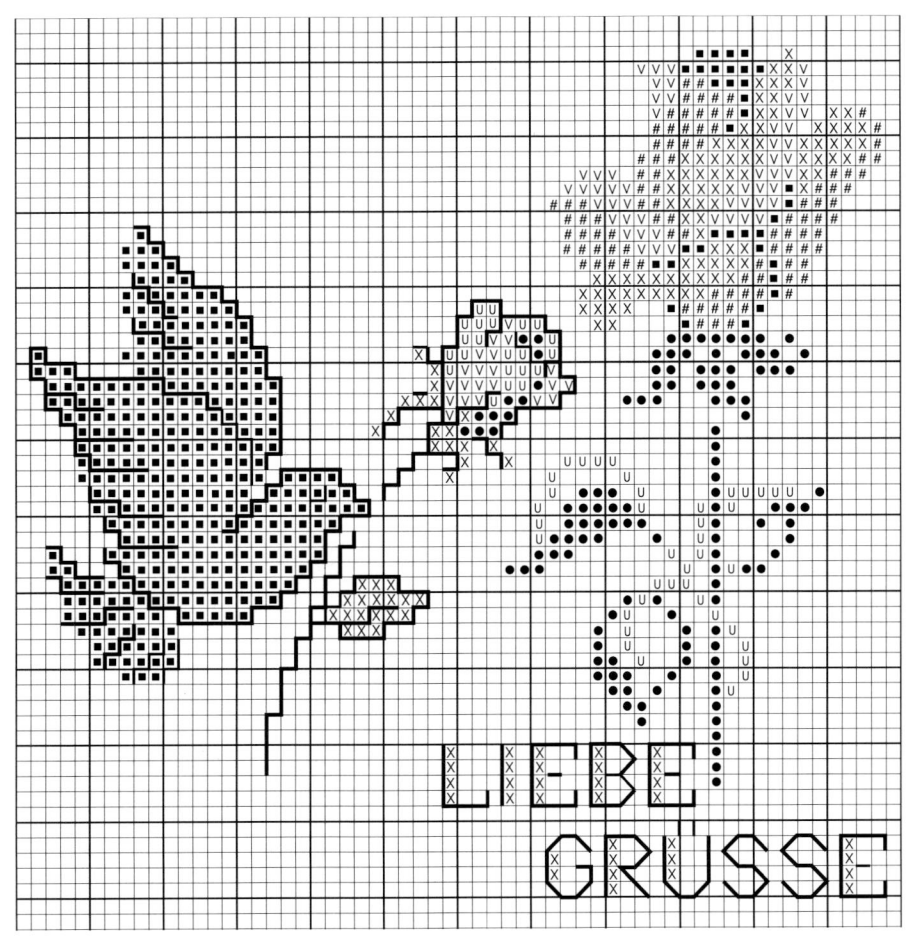

Rosenbäumchen

DAVOSA 3770 weiß

Stoffzuschnitt
Set:
ca. 44 x 57 cm
Serviette:
ca. 39 x 39 cm

Fertigmaß
Set:
ca. 32 x 45 cm
Serviette:
ca. 35 x 35 cm

Sticktwist
Kreuzstich 3-fädig

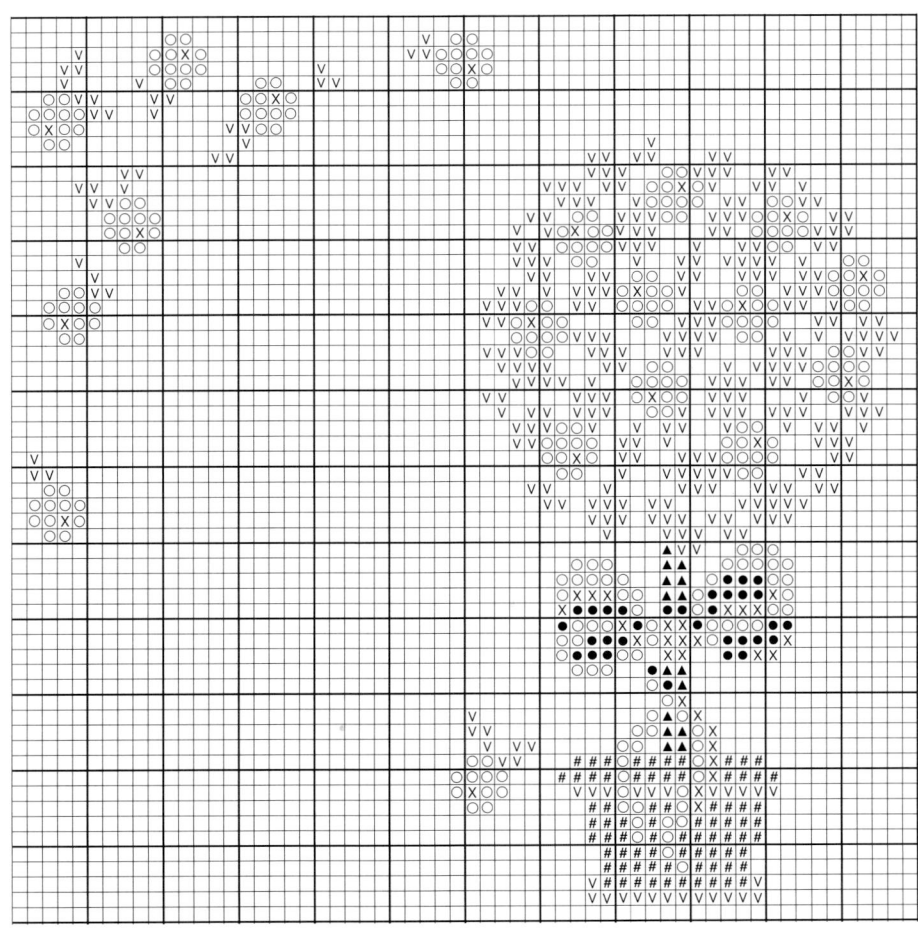

X	1024
○	8
▲	889
●	892
V	843
#	842

Rosenspalier

DAVOSA 3770 weiß

Stoffzuschnitt
ca. 46 x 46 cm

Fertigmaß
ca. 38 x 38 cm

Sticktwist
Kreuzstich 3-fädig
Rückstich 3-fädig

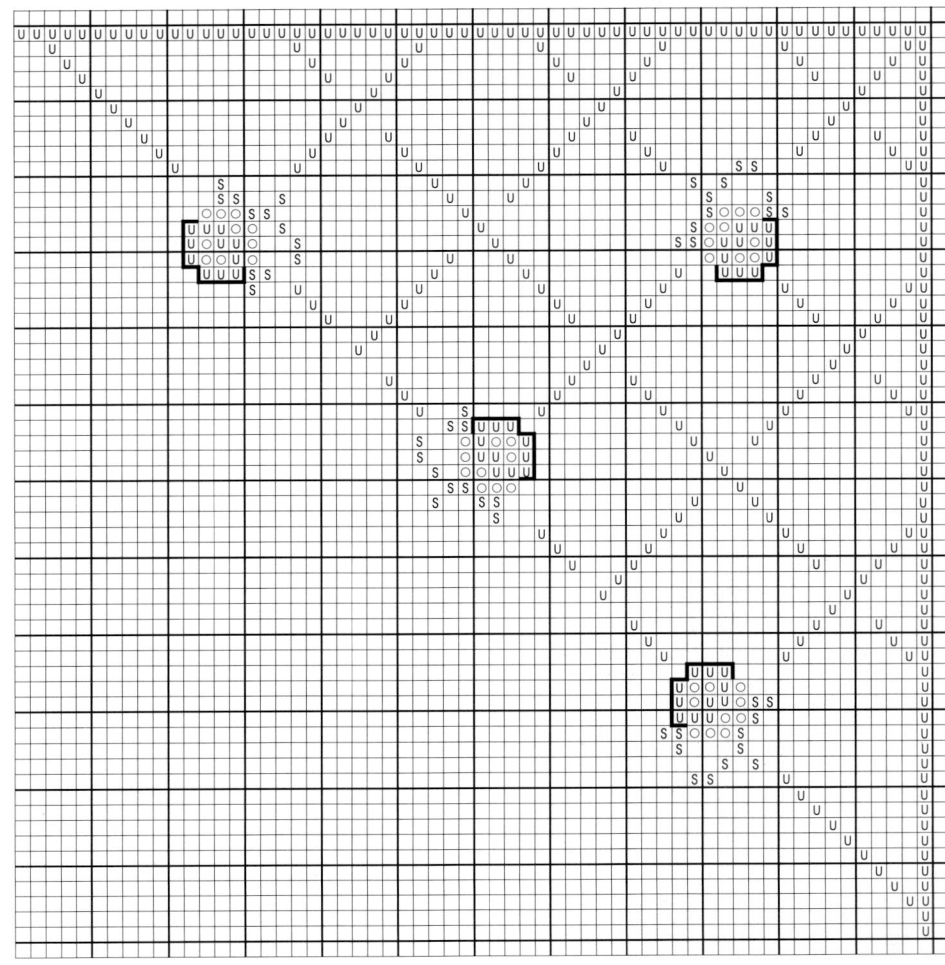

U 128
S 130
○ 122 + Kontur

Teerose

BELLANA 3256 weiß und honiggelb

Stoffzuschnitt
ca. 52 x 52 cm

Fertigmaß
ca. 40 x 40 cm

Sticktwist
gelbe Rose:
Kreuzstich 3-fädig
Rückstich 3-fädig
Konturrose:
Rückstich 2-fädig

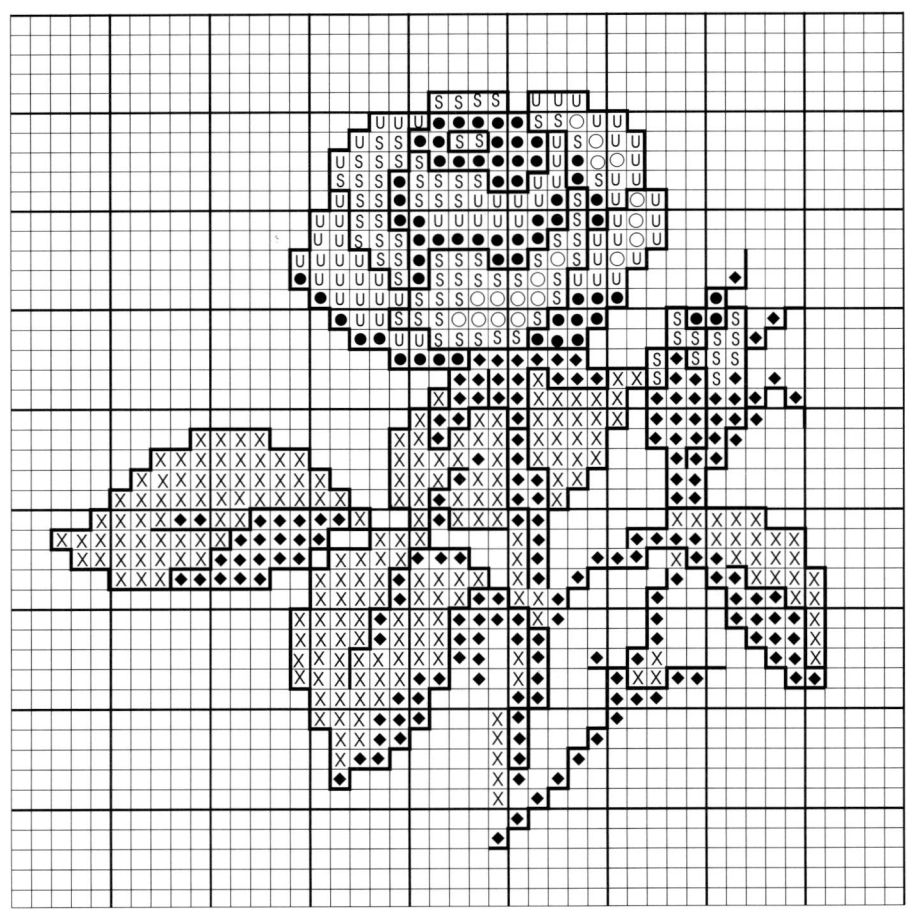

gelbe Rose

◆	859
U	292
○	275
S	302
●	308
X	264
⌐	236 Kontur

Konturrose
⌐ 403

Rosenkissen

DAVOSA 3770 altrosa und silbergrau

Stoffzuschnitt
altrosa:
ca. 80 x 40 cm
silbergrau:
ca. 64 x 32 cm

Fertigmaß
altrosa:
ca. 36 x 36 cm
silbergrau:
ca. 28 x 28 cm

Sticktwist
Kreuzstich 3-fädig

altrosa
∩   400
∧   872
●   877
69

silbergrau
∩   398
∧   870
●   875
969

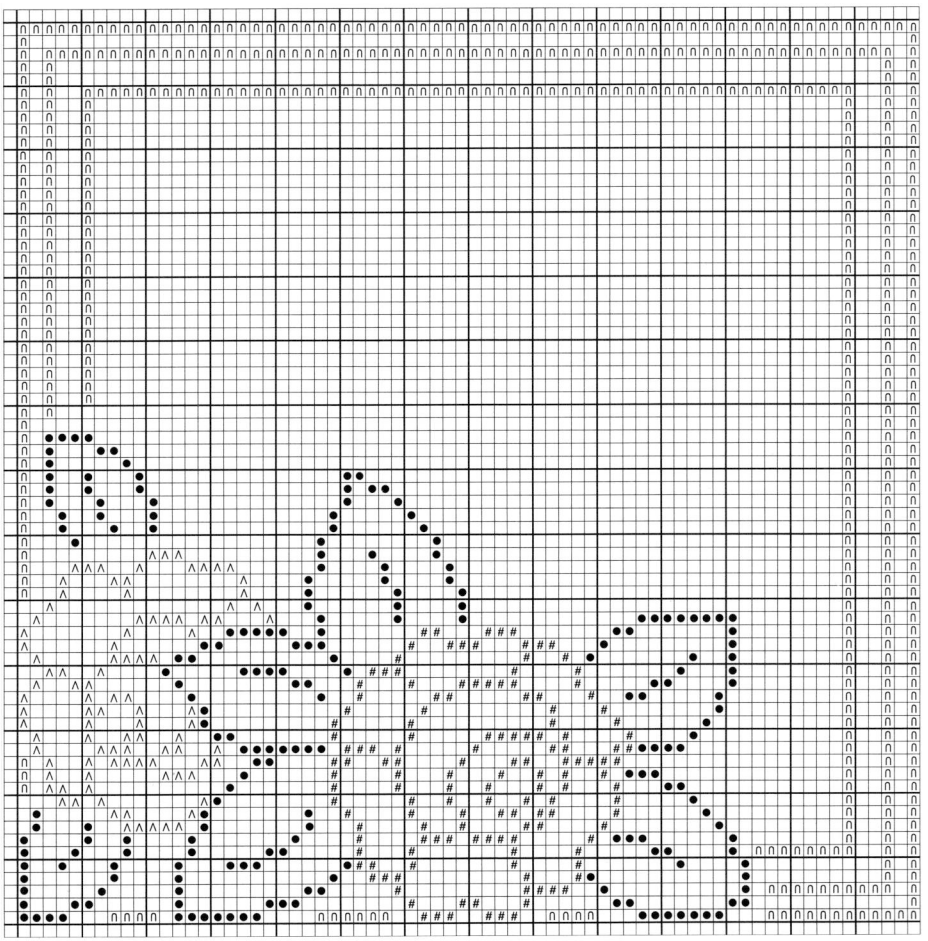

Jugendstilläufer

BELLANA 3256 graublau

Stoffzuschnitt
ca. 62 x 32 cm

Fertigmaß
ca. 54 x 24 cm

Sticktwist
Kreuzstich 2-fädig
Goldgarn: Ophir,
Kreuz- und Rückstich

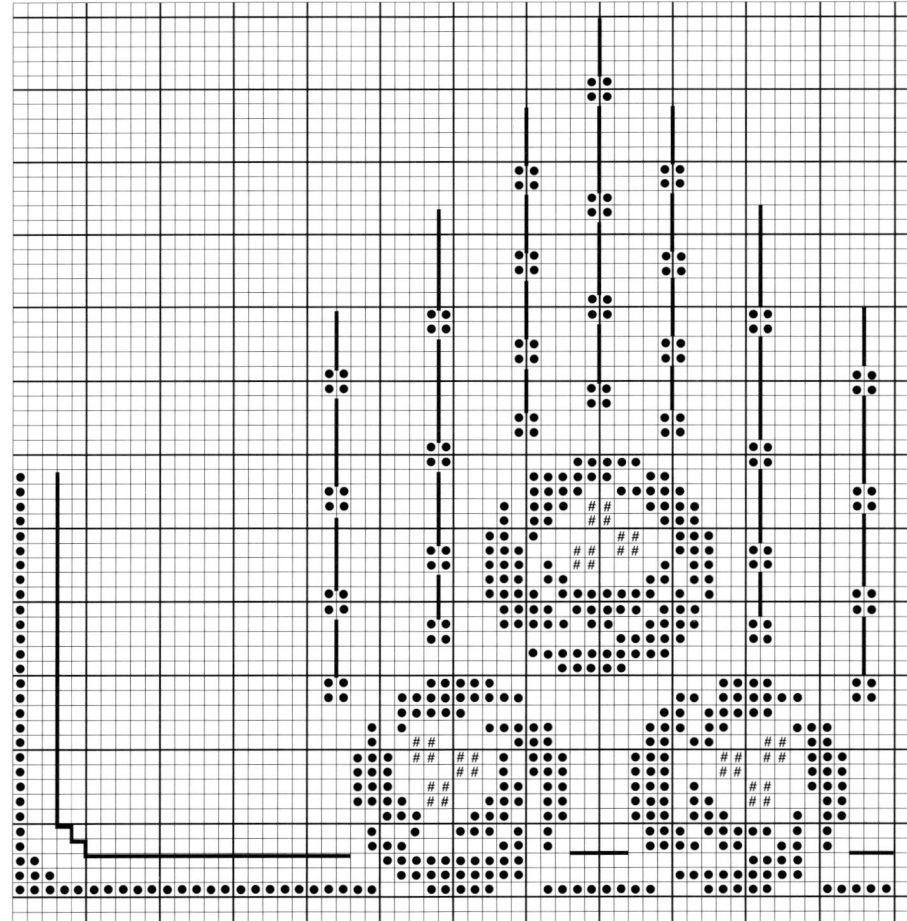

● 1
gold + Kontur

19

Schwarzweiß

LUGANA 3835 weiß

Stoffzuschnitt
Set:
ca. 57 x 47 cm
Serviette:
ca. 36 x 36 cm

Fertigmaß
Set:
ca. 45 x 35 cm
Serviette:
ca. 32 x 32 cm

Sticktwist
Kreuzstich 2-fädig
Rückstich 1-fädig

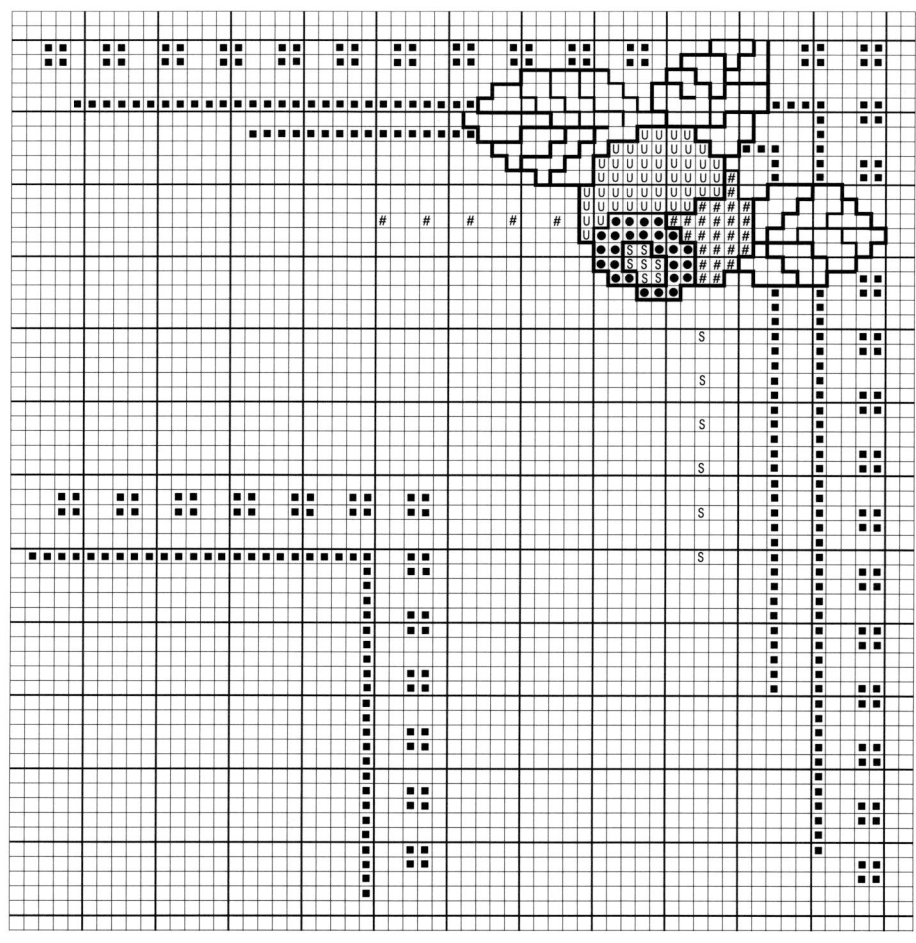

●   59
U   29
41
S   335
■   403 + Kontur

Zartrosa auf Chiantirot

BELLANA 3256 dunkelrot

Stoffzuschnitt
ca. 47 x 47 cm

Fertigmaß
ca. 35 x 35 cm

Sticktwist
Kreuzstich 3-fädig
Rückstich 3-fädig

892
Γ 217 Kontur
Γ 39 Kontur

Zur Aufteilung der
roten und grünen
Konturen siehe Abb.

Rosensäckchen

DAVOSA 3770 hellgelb, türkis und weiß

Stoffzuschnitt
ca. 42 x 13 cm

Fertigmaß
ca. 23 x 11 cm

Sticktwist
Kreuzstich 3-fädig
Rückstich 3-fädig

gelbe Rose
+   266
■   303
○   1
=   305
●   263 + Kontur

weiße Rose
○   1
V   189 + Kontur

rosa Rose
S   1021
X   33
1025
U   206
▲   876 + Kontur

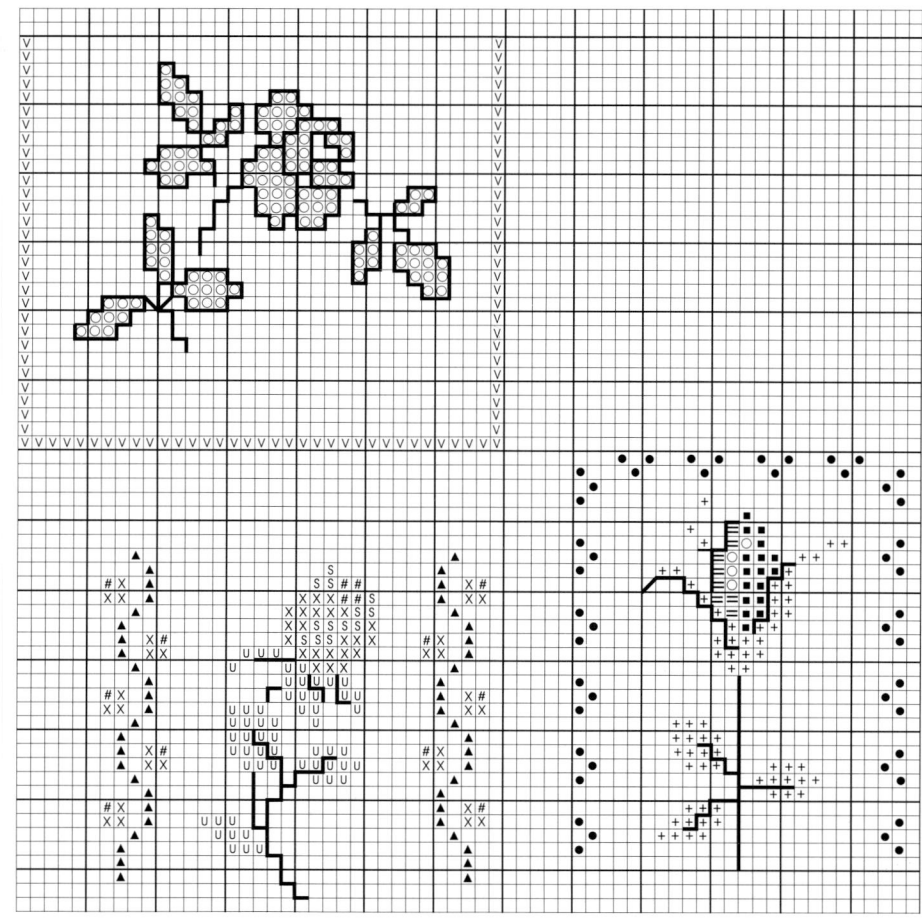

Nadelkissen

LINDA 1235 schwarz

Stoffzuschnitt
ca. 25 x 14 cm

Fertigmaß
ca. 11 x 11 cm

Sticktwist
Kreuzstich 2-fädig
Rückstich 2-fädig

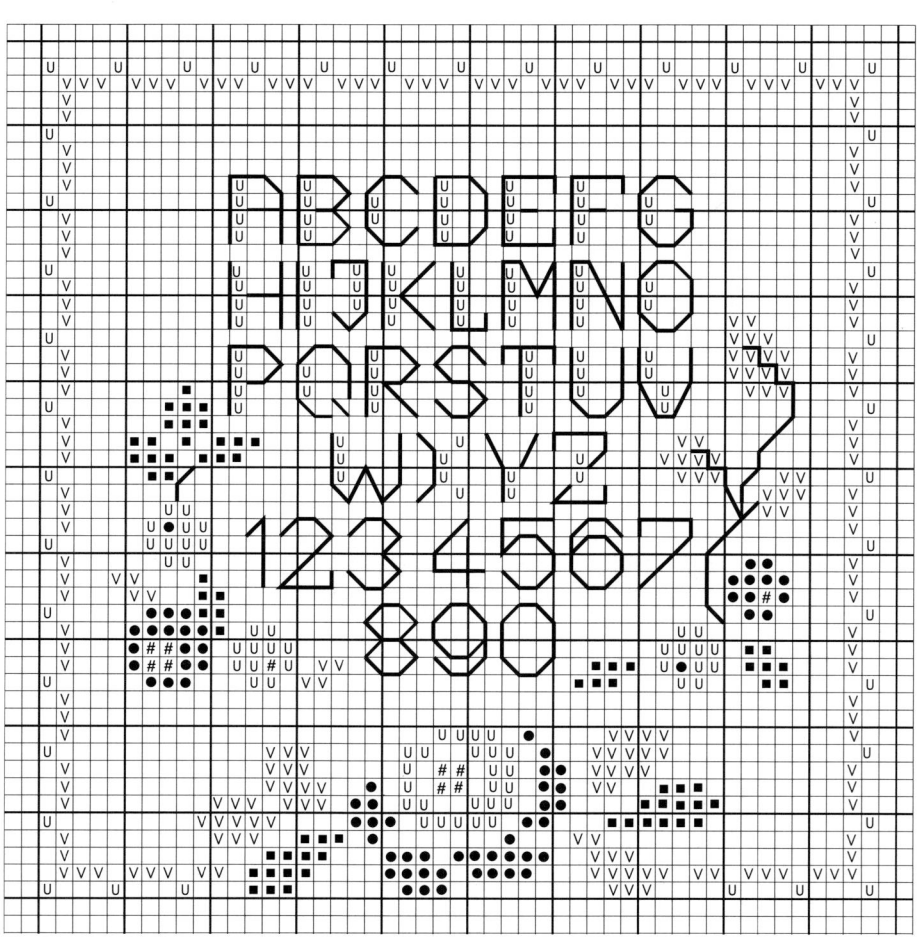

V 261
48
U 36
● 33 + Kontur
S 1 + Kontur
■ 216 + Kontur

Zur Aufteilung
der Konturfarben
siehe Abb.

Bänder

AIDA-Band 7002 weiß-rosa

Buchzeichen
ca. 22 cm

Geschenkband
min. 50 cm

Sticktwist
Kreuzstich 2-fädig
Rückstich 1-fädig
Alphabet 1- oder
2-fädig

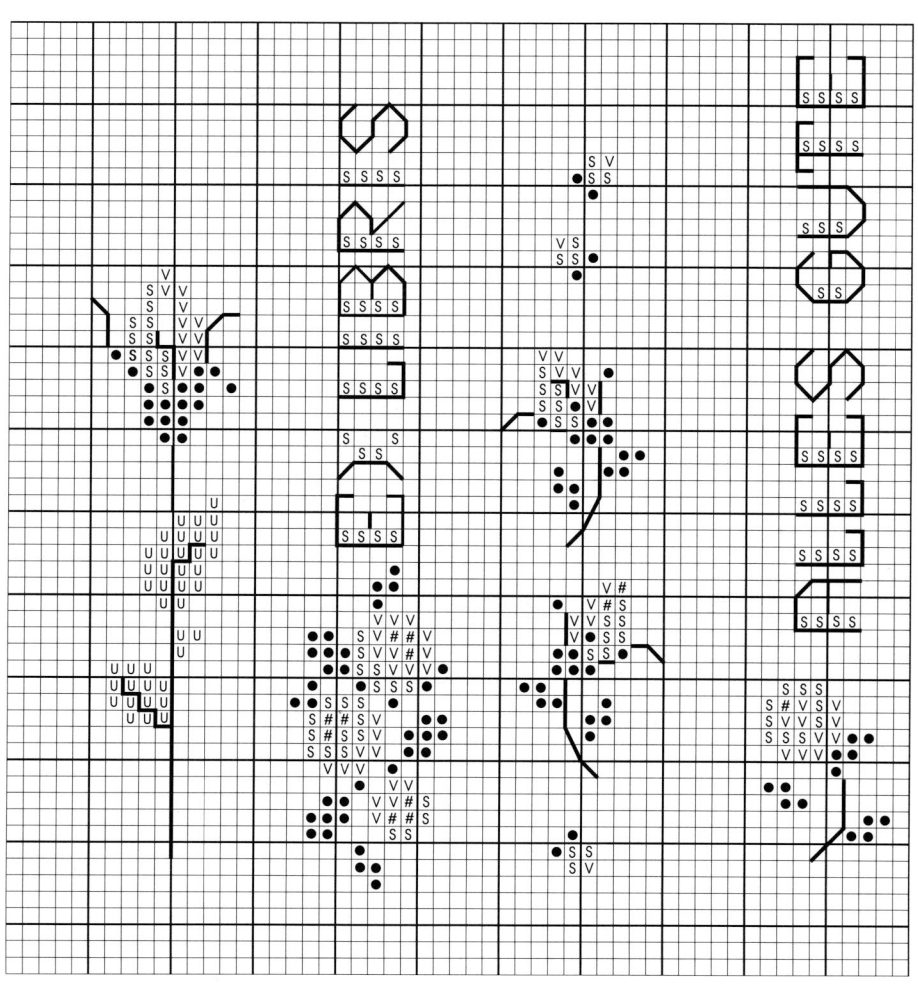

V	1024
S	36
U	260
●	216 + Kontur
#	20 + Kontur
⌐	403 Kontur

Zur Aufteilung der
roten, grünen und
schwarzen Kontur
siehe Abb.

Tischschleife

BELLANA 3256 aprikose

Stoffzuschnitt
ca. 15 x 140 cm

Fertigmaß
ca. 13 x 138 cm

Sticktwist
Kreuzstich 3-fädig

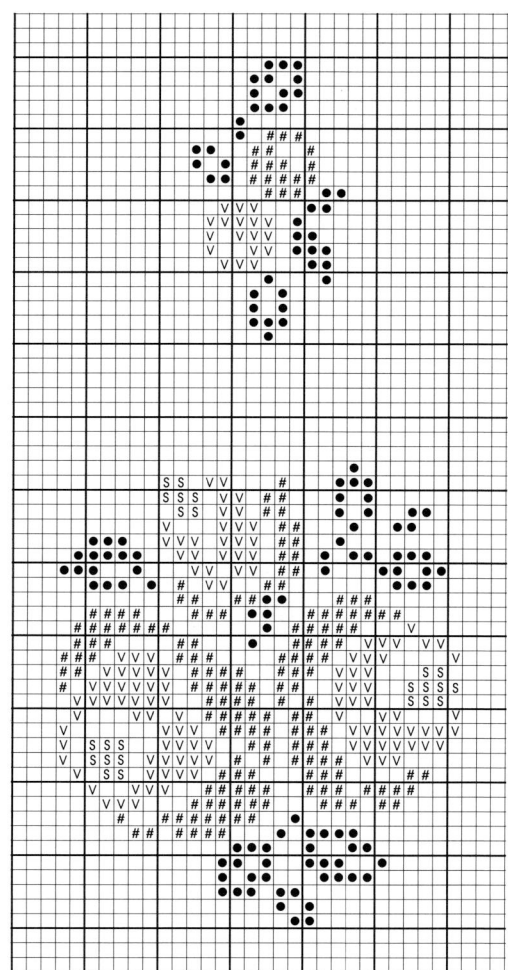

s   336
●   854
v   339
337

Neben dieser Auswahl aus unserer Textil-Reihe haben wir noch viele andere Bücher im Programm. Wir informieren Sie gerne - fordern Sie einfach unsere neuen Prospekte an:

- **Bücher für Ihre Kinder:** Basteln, Spielen und Lernen mit Kindern
- **Bücher für Ihre Hobbys:** Stoff und Seidenmalerei, Malen und Zeichnen, Keramik, Floristik
- **Bücher zum textilen Handarbeiten:** Sticken, Häkeln und Patchwork

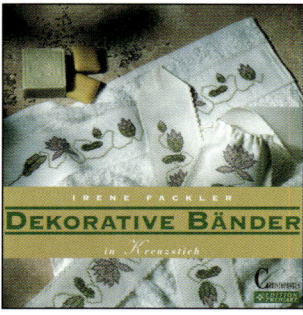

Wir sind für Sie da, wenn Sie Fragen zu AutorInnen, Anleitungen oder Materialien haben.
Und wir interessieren uns für Ihre eigenen Ideen und Anregungen. Faxen, schreiben Sie oder rufen Sie uns an.
Wir hören gerne von Ihnen! Ihr Christophorus-Verlag

CHRISTOPHORUS
Bücher mit Ideen

Hermann-Herder-Str. 4 / 79104 Freiburg i. Breisgau

Tel: 0761/2717-268 oder Fax: 0761/2717-352